Aux Représentans du Peuple composant le Conseil des Cinq Cents.

Étienne MENTOR, élu Représentant du Peuple par l'Assemblée Électorale de Saint-Domingue, tenue au Cap-Français le 20 Germinal an cinquième de la République.

Représentans du Peuple,

Appelé au corps législatif par le vœu de mes concitoyens, j'ai passé en France aussi-tôt qu'il m'a été possible. Quelques-uns de mes collègues, honorés de la même mission, purent faire une plus prompte diligence : arrivés près de vous, ils vous demandèrent la répartition des députés de Saint-Domingue, dans les deux conseils.

Vous restreignîtes leur nombre à quatre, conformément à la loi du 20 nivôse an 5 : la colonie en avait élu sept, conformément aux loix antérieures.

A.

Le troisième jour complémentaire, vous assignâtes deux places, au conseil des anciens, aux citoyens Mentor et Tonnellier, et deux autres au conseil des cinq cents, aux citoyens Leborgne et Vergniaud.

Vous jugeâtes alors que vous ne pouviez pas suivre l'ordre des élections pour la classification des députés dans les deux conseils. Le citoyen Leborgne, premier élu, fut placé au conseil des cinq cents; le citoyen Tonnelier, troisième élu, fut placé au conseil des anciens. Vous cherchiez, sur la liste des députés de Saint-Domingue, ceux qui avaient les conditions d'admissibilité dans l'un ou l'autre conseil. La priorité des élections ne vous arrêta pas, parce que la colonie avait légalement nommé sept représentans, en vertu des loix dont la révocation n'avait pu venir à sa connaissance. On ne crut pas alors devoir faire une difficulté aux habitans de Saint-Domingue, sur la priorité de l'élection des membres du conseil dse anciens. On jugea que le corps législatif était un, et que les élus du peuple pouvaient être admis à le représenter dans l'un ou l'autre conseil : on pensa que les habitans des colonies, peu instruits des débats du corps législatif, peu familiers avec l'interprétation des loix, ayant difficilement communication avec la mère patrie, et occupés à défendre la colonie contre l'invasion des Anglais, avaient pu s'écarter de la stricte et rigoureuse observation des formes prescrites, sans que ce léger défaut pût être regardé comme une nullité radicale dans leurs opérations. Vous vouliez des citoyens qui eussent reçu la mission de la partie du peuple français qui habite Saint-Domingue, et vous n'exigiez pas que des hommes nouvellement associés à la souveraineté du peuple français, séparés par les mers, et plus encore par les escadres ennemies, se conformassent à toutes les loix, qui leur parvenaient si difficilement, lorsqu'elles s'observaient sur le continent.

Cette déférence pour vos nouveaux

frères, séparés par l'intervalle des mers, était nécessaire, et l'expérience vous convaincra de la nécessité de nouvelles dispositions législatives, pour empêcher les citoyens des départemens d'outre-mer d'être privés de l'exercice de leurs droits, s'ils restaient assujettis aux mêmes formes, et sur-tout aux mêmes époques que les citoyens des départemens continentaux.

Lorsque vous m'avez assigné une place au conseil des anciens, mes collègues auraient pu, auraient dû relever cette erreur, attendu qu'ils savaient que mon âge ne me permettait pas l'entrée du conseil des anciens. Je ne dirai rien du motif de leur silence.

A mon arrivée, j'ai demandé l'admission dans le conseil des cinq cents. Vous avez pris en conséquence, une résolution dans laquelle vous complettiez la députation de Saint-Domingue au conseil des anciens, par l'admission proposée du citoyen *Annecy*, le cinquième dans la liste des élections de Saint-Domingue, et le second qui réunissait les conditions exigées pour ce conseil ; par la même résolution, vous m'admettiez dans votre conseil, en me restituant la place que m'assurait l'ordre des élections de l'assemblée électorale de Saint-Domingue.

Vous ne déplaciez pas le citoyen Vergniaud, dont le droit était postérieur au mien, et vous aviez jugé convenable de remplir une place restée vacante, parce que les électeurs de Saint-Domingue, ne nommeront que six représentans en l'an 4, au lieu de sept que la loi leur ordonnait alors de nommer.

Cette résolution semblait concilier tous les intérêts, et completter la députation de Saint-Domingue, à la satisfaction des habitans de toutes les couleurs, sans porter aucun préjudice à la représentation des autres départemens de la république.

Elle n'a pas été adoptée au conseil des anciens.

Divers moyens ont été employés par les orateurs qui ont combattu votre résolution. Il paraît que celui qui a entraîné le rejet de la résolution, est tiré de la loi du 20 nivôse, qui fixe à quatre le nombre des députés que Saint-Domingue devait fournir en l'an 5. Ce moyen ne fait point obstacle à mon admission au conseil des cinq cents.

Il en a été allégué quelques autres, sur lesquels je dois appeler votre attention. Il me sera aisé de démontrer qu'ils ne peuvent compromettre le droit que me donne l'élection de Saint-Domingue, confirmée par la loi du troisième jour complémentaire.

On a dit qu'il ne doit y avoir que deux députés pour l'an V au conseil des cinq cents. Si j'étais admis, il y en aurait trois. A cette objection on a présenté plusieurs réponses. 1°. J'ai droit d'être admis le second, suivant l'ordre des élections; s'il y a quelque difficulté sur le troisième, elle ne doit concerner que celui qui a un droit postérieur au mien. Mais ce collègue est admis aux fonctions de représentant du peuple; et on a indiqué une seconde réponse qui, sans préjudicier à mon droit, le laisse en possession de la place qu'il a obtenue. On a dit : la députation de Saint-Domingue, pour l'an V, doit être de quatre représentans ; un seul est admis aux anciens, trois peuvent siéger aux cinq cents. La députation de Saint-Domingue ne reçoit point d'accroissement au-delà de la fixation faite par la loi du 20 nivôse ; la transposition d'un membre du conseil des anciens, au conseil des cinq-cents, ne préjudicie à aucun département ; elle n'est point, comme on l'a insinué, un remplacement du vuide laissé par d'autres départemens ; il manque deux membres dans la députation de Saint-Dominque ; après mon admission, il vaquera encore une place au conseil des anciens. Si on a observé que plusieurs départemens des îles du Vent ne sont point représentés au corps législatif, on n'a pas prétendu attribuer aux députés de Saint-Domingue, la faculté de les suppléer ; on en a conclu qu'il était impossible qu'il résultât de mon admission une surabondance des membres dans le conseil des cinq-cents.

Lorsqu'on s'est opposé à la disposition de votre résolution qui admettait un cinquième député, on a allégué l'article 5o. de la constitution qui dit que le corps législatif règle, tous les dix ans, le nombre des membres de l'un et de l'autre conseil que chaque département doit fournir.

Vous ne pouviez pas violer cet article, en prononçant mon admission au conseil des cinq cents. 1°. Votre loi du 20 nivôse n'était point connue à Saint-Domingue, lors des élections de l'an V. 2°. Le nombre prescrit ne sera excédé ni dans l'un, ni dans l'autre conseil. 3°. Si cet article devait être un obstacle insurmontable à l'admission d'un troisième député au conseil des cinq cents, cette difficulté ne pourrait me concerner, mais seulement celui de mes collègues qui, admis avant moi, par une erreur qu'on ne peut pas m'imputer, et qu'il a volontairement laissé, ou plutôt fait commettre, n'était cependant admissible qu'après moi, puisque je suis le second, et lui le quatrième dans l'ordre des nominations.

Une autre objection a été proposée avec grand appareil ; elle est tirée de l'article 41 de la constitution qui fixe l'ordre des élections dans les assemblées électorales. Suivant cet article elles élisent : 1°. les membres du corps législatif, savoir : les membres du conseil des anciens, ensuite les membre du conseil des cinq cents ; j'infère de cette disposition qu'ayant été nommé le second, j'ai été désigné pour le conseil des anciens, et que ma nomination se trouve nulle, parce que je n'ai pas les conditions requises pour être admis à ce conseil, je ne puis pas me présenter au conseil des cinq cents.

Ici les réponses se présentent en foule pour anéantir cette erreur ou absurdité. 1°. l'article 41 ne porte pas la peine de nullité des élections qui auraient été faites dans un ordre inverse. 2°. L'assemblée électorale de la Colonie a choisi en masse les députés qu'elle avait droit d'envoyer au corps législatif ; elle lui a laissé le soin de la répartir dans les deux conseils, suivant leur admissibilité. Elle a dû prendre cette mesure, parce qu'elle ignorait, parce qu'aucune loi ne lui indiquait combien elle devait envoyer dans chaque conseil. La loi du 20 nivôse lui était parfaitement inconnue. 3º. Si, en France, on a pu attribuer à la disposition de l'article 14 de la constitution, la valeur d'une clause irritante; si on a pu exiger que chaque département se conformât rigoureusement au tableau connu de la répartition des députés, exigera-t-on qu'un peuple nouveau, mal informé des loix et de leur inteprétation, combattant tous les jours pour la liberté, tous les jours en péril, relevant ses habitations incendiées ou renversées, cultivant des terres dévastées, se soit occupé des questions subtiles que les publicistes ont approfondies dans le repos? Les citoyens de Saint-Domingue ont reçu la constitution, ils l'ont exécutée dans la simplicité, la bonne foi d'un peuple nouveau; ils ont eu une entière confiance dans la mère patrie; ils n'ont pas craint que, par de vaines subtilités, on rendît illusoires les droits que la constitution leur accordait.

Ils ne se sont pas trompés; votre loi du troisième jour complémentaire remplissait leur attente, si je ne sais quel génie ennemi de la paix de la colonie, ne vous eût tendu un piège et n'eût proposé une erreur dont on se prévaut pour exclure un ardent ami de la liberté et des intérêts de la France, que les républicains de Saint-Domingue ont regardé comme propres à cimenter la confiance entre la métropole et la colonie.

4°. Si des considérations justes et politiques ne vous avaient pas empêché d'attribuer à l'article 41 de la constitution la force d'une clause irritante lorsqu'il s'agissait de prononcer sur les élections du Cap pour l'an V, vous n'auriez pas admis au conseil des cinq cents *Leborgne*, nommé pour le conseil des anciens; vous n'auriez pas pu admettre au conseil des anciens *Tonnellier* qu'on aurait prétendu exclusivement élu pour le conseil des cinq cents, puisqu'il se trouve le troisième dans l'ordre des élections.

Cette loi existe; ces représentans siègent dans les deux conseils, par quelle étrange contradiction, par quelle fatalité vous propose-t-on de m'exclure lorsque vous les conservez? On veut que vous ayez *deux poids et deux mesures*.

Non, législateurs, vous regardez du même œil l'homme *blanc*, l'homme *noir*, et de *couleur*. Nous sommes aussi vos frères, nous avons aussi combattu avec vous et pour vous. Leborgne siège au conseil des cinq cents, mon droit est le même; à côté de la loi qui l'admet vous ne pouvez placer la loi qui m'exclut.

5°. Vous aviez jugé les élections de l'an 4 comme celles de l'an 5; Thomany et Santhonax; les premiers élus de l'an 4, siègent au conseil des cinq cents, Laveaux et Brothier, élus l'un le troisième et l'autre le cinquième, siègent au conseil des anciens. Oui, représentans, le citoyen Brothier qui, deux fois à la tribune des anciens, a eu la mal-adresse de réclamer l'article 41 de la constitution pour prouver que les deux premiers élus de l'an 5 sont élus seulement pour le conseil des anciens, et que les deux suivans appartiennent exclusivement au conseil des cinq cents. Le citoyen Brothier ne siège au conseil des anciens que parce que la députation de Saint-Domingue, envoyée en masse, a été distribuée par le corps législatif dans les deux conseils, suivant l'admissibilité de ses membres. Il a lu au conseil des anciens un procès-verbal de son élection ; j'ignore quel est ce procès-verbal ; mais dans celui qui existe aux archives du corps législatif, dont on m'a délivré un extrait, il est le cinquième élu, et dans l'ordre suivant : Thomany 100, Santhonax 84, Laveaux 64, Petinat 57, Brothier 52, Boisrond jeune 43 ; et le fait avancé par Brothier en lisant ce procès verbal au conseil des anciens est faux, en disant que son procès-verbal d'élection porte « que l'assemblée électorale après » s'être assurée qu'il avait les qualités, re- » quises, l'a nommé membre du conseil » des anciens. » Il s'agit de se transporter aux archives du corps législatif pour prouver le contraire de ce qu'a avancé Brothier.

Il ne siège donc au conseil des anciens qu'en vertu de la mesure qui a été adoptée pour la députation de l'an 4 et pour celle de l'an 5, parce que le corps législatif a réparti dans les deux conseils les membres de ces députation suivant l'ordre de priorité d'élection, combinée avec l'admissibilité dans chacun des conseils. C'est cette mesure que je réclame et qui doit me procurer l'honneur de siéger au conseil des cinq cents.

Représentans du peuple, quelle que soit votre décision, mon dévouement pour la république et celui de mes concitoyens ne seront pas ébranlés, nous vous devons le plus grand des bienfaits, le titre de citoyens français. Nous ne serons jamais tentés d'accuser nos bienfaiteurs d'injustice. Nous vous dirons seulement : Observez nos amis et nos ennemis. Ceux qui provoquent votre sévérité contre nous ; ceux qui affectent un si grand zèle pour la constitution lorsqu'il s'agit de nous empêcher de jouir de ses bienfaits, ne combattaient pas avec nous pour délivrer la colonie de l'invasion des Anglais. Vous leur demanderez ce qu'ils faisaient et quelles couleurs ils portaient pendant l'occupation de Saint-Marc par les Anglais. Comment leurs jours ont-ils été respectés, tandis que *Lapointe* et les royalistes assassinaient les patriotes de toutes couleurs ? enfin comment ont-ils laissé Saint-Marc, après un séjour de quinze ou seize mois au milieu des Anglais et des émigrés ? Nous dirons à nos frères : les républicains qui proclamèrent notre liberté à Saint-Domingue, qui nous conduisirent aux combats et à la victoire, ont été en France les défenseurs de nos droits constitutionnels.

Représentans du peuple, je n'ai pas dû retourner vers mes frères, qui m'ont envoyé pour siéger au corps législatif, avant d'avoir mis sous vos yeux toutes les considérations qui doivent vous décider à protéger leurs droits. C'est pour eux et non pour moi que je réclame de votre justice mon admission au conseil des cinq cents. Si je suis admis au corps législatif, j'emploierai mes faibles lumières pour coopérer à vos travaux ; j'en acquerrai de précieuses au milieu de vous, que je communiquerai à mes frères à la fin de ma mission. Si je ne suis pas reçu à l'honneur de siéger au corps législatif, il me restera toujours le moyen d'être utile à la patrie ; je lui offrirai mon bras, accoutumé à combattre les Anglais.

Gloire immortelle aux représentans de l'humanité, défenseurs des hommes de toutes les couleurs !

Salut et respect,

Et. Mentor.

De l'Imprimerie de Vatar-Jouannet